AF613785

CATALOGUE

D'UN TRÈS-BEAU CHOIX

DE

MÉDAILLES

GRECQUES, ROMAINES, ETC.

DONT LA VENTE AUX ENCHÈRES PUBLIQUES

aura lieu

Par suite du décès de M. PARAVEY

Ancien conseiller d'État, Officier de la Légion d'honneur.

HOTEL DES COMMISSAIRES-PRISEURS, RUE DROUOT, N° 5

SALLE N° 3, AU 1er ÉTAGE

Le Vendredi 28 Février et le Samedi 1er Mars 1879

A DEUX HEURES PRÉCISES

Par le ministère de Me **CHARLES PILLET**, Commissaire-Priseur,
10, rue de la Grange-Batelière,

Et de Me **PAUL RAIN**, son confrère, 19, rue Bleue,

Assistés de **MM. ROLLIN & FEUARDENT**, Experts, 4, rue de Louvois.

Chez lesquels se distribue le Catalogue.

EXPOSITIONS { *Particulière :* le Lundi 24 Février 1879.
Publique : le Mardi 25 Février 1879.

De 1 heure à 5 heures.

CONDITIONS DE LA VENTE

Elle sera faite au comptant.

Les acquéreurs payeront *cinq pour cent* en sus du prix d'adjudication.

Le Catalogue des Monuments antiques, rédigé par M. le baron J. de Witte, membre de l'Institut, se distribue chez les mêmes experts, 4, rue de Louvois.

Paris. — Typ. Pillet et Dumoulin, 5, rue des Grands-Augustins

DÉSIGNATION

MÉDAILLES GRECQUES

GAULE.

MARSEILLE.

1 — Tête de nègre, à droite.

℟. Carré creux divisé en quatre parties. (Trouvaille d'Auriol.) AR[1] B.

2 — Tête d'Artemis, à droite, couronnée de deux branches d'olivier, avec pendants d'oreilles et collier de perles.

℟. ΜΑΣΣΑ. Lion, à droite. (Collection Dupré.) AR[4] T. B.

UMBRIE.

ARIMINUM.

3 — Buste de Vulcain, à gauche.

℟. ΑΡΙΜ. Guerrier marchant, à gauche, tenant un bouclier et une épée. Æ[4] B.

SAMNIUM.

AESERNIA.

4 — **VOLCANOM.** Buste de Vulcain, à droite, avec bonnet lauré; derrière, des tenailles.

℟. **AISERNINO.** Jupiter dans un bige, à droite; au-dessus, une Victoire. (Collection Dupré.) Æ4 B.

CAMPANIE.

CALES.

5 — Tête casquée de Pallas, à droite ; derrière, chouette.

℟. CALENO. Victoire conduisant un bige, à gauche. (Collection Dupré.) AR5 T. B.

5 *bis*. — CALENO. Tête laurée d'Apollon, à gauche.

℟. CALENO. Taureau à face humaine, à droite; au-dessus, lyre; au-dessous, Γ. (Collection Dupré.) Æ5 T. B.

HYRINA.

6 — Tête de Pallas, à gauche, casque lauré orné d'une chouette.

℟. ΥΡΙΝΑ rétrograde. Taureau à face humaine, à droite. (Collection Gréau.) AR5 T. B.

NAPLES.

7 — Tête de femme, à droite, avec bandeau, boucles d'oreilles et collier; derrière, diota.

℟... ΠΟΛΙΤ. Taureau à face humaine, couronné par la Victoire; dessous, K. (Collection Dupré.) AR4 T. B.

8 — Même tête, à gauche; derrière, épi.

℟. ΝΕΟΠΟΛΙΤΩ.. Même type; dessous, IΣ. AR4 B.

9 — ΝΕΟΠΟΛΙΤΩΝ. Tête laurée d'Apollon, à gauche; derrière, Θ.

℟. Même type. Æ4 B.

10 — Tête laurée d'Apollon, à gauche ; derrière, AΣ.

℞. NEOΠOΛITΩN. Lyre, cortine et caducée. Æ4 B.

NUCERIA.

11 — NVKPINVM, légende osque. Tête jeune, cornue, à gauche.

℞. Homme nu, debout, tenant un cheval par la bride et un sceptre. AR4 B.

ROME.

12 — Tête casquée de Mars, à droite ; derrière, XX.

℞. ROMA. Aigle, à droite, sur un foudre. (Collection Gréau.) AV1 F. D. C.

13 — Double tête imberbe, laurée.

℞. ROMA, en creux. Jupiter et la Victoire dans un quadrige au galop, à droite. AR6 T. B.

SUESSA.

14 — Tête laurée d'Apollon, à droite ; derrière, triquètre.

℞. SVESANO. Cavalier nu, coiffé d'un bonnet conique, tenant une palme ornée de bandelettes, conduisant deux chevaux, à gauche. (Collection Dupré.) AR6 T. B.

15 — Tête casquée de Pallas, à gauche.

℞. SVESANO. Coq, à droite ; dans le champ, astre. Æ4 B.

TEANUM.

16 — Tête d'Hercule jeune, à droite, coiffée de la peau de lion.

℞. TIANVR, légende osque. Victoire conduisant un trige, à gauche. AR5 T. B.

CALABRE.

BRINDES.

17 — Tête laurée de Neptune, à droite, couronnée par la Victoire ; dessous, S.

℟. BRV.. Figure sur un dauphin, à gauche, tenant une Victoire et une lyre ; dans le champ, grappe de raisin et S. Semis. Æ⁴ B.

TARENTE.

18 — Tête d'Hercule jeune, à droite, coiffée de la peau de lion.

℟. TAPANTINΩN. Figure nue dans un bige, à droite, tenant un trident ; sous les chevaux, deux amphores ; dessus, NIK. (Collection Dupré.) AV 2 1/2 B.

19 — Tête de femme, à droite, style archaïque.

℟. TAPA.. Taras, à gauche, sur un dauphin ; dessous, pétoncle. AR⁴ B.

20 — Sans légende. Taras assis, à gauche, sur un dauphin ; dessous, pétoncle.

℟. Homme à demi nu, assis, à gauche, tenant une quenouille et un bâton. AR⁵ B.

21 — Tête de femme, à gauche, avec bandeau, boucles d'oreilles et collier ; derrière, EY.

℟. TA. Cavalier, à gauche, couronnant son cheval ; dans le champ, grappe de raisin et dauphin. AR⁴ B.

22 — TAPAΣ. Taras assis, à gauche, sur un dauphin, tenant une Victoire, un bouclier et deux javelots ; dessous, des flots.

℟. Deux cavaliers courant, à gauche ; dessous, ΣAΛANOΣ. AR⁵ B.

23 — Taras sur un dauphin, à gauche, tenant une Victoire qui le couronne et un trident; dans le champ, NE.

℞. Cavalier, à gauche, regardant de face et couronné par la Victoire ; dessous, ΚΑΛΛ ; dans le champ, ΕΤΚ, en monogramme. Æ[4] T. B.

24 — ΤΑΡΑΣ ΑΝΘ. Taras sur un dauphin, à gauche, tenant une grappe de raisin et une quenouille.

℞. Cavalier casqué courant, à gauche, tenant un bouclier et deux hastes ; dessous, ΑΠΟΛΛΩ et ⊢ ; dans le champ, ΞΩ. Æ[5] T. B.

25 — ΦΙΛΙΣ. Taras sur un dauphin, à gauche, tenant une quenouille, dans le champ, un aigle ; dessous, des flots.

℞. Cavalier nu courant, à droite, tenant un bouclier et frappant de sa lance ; dessous, ΣΙΜ. Æ[5] T. B.

26 — ΤΑΡΑΣ. Taras sur un dauphin, à gauche, tenant un diota et une palme ; dans le champ, casque et ΘΙ.

℞. Cavalier nu courant, à gauche, assis, de face ; dessous, ΑΠΥ ; dans le champ, ΕΥ. Æ[5] T. B.

27 — Taras sur un dauphin, à gauche, tenant un diota et un trident; dans le champ, ΘΙ.

℞. Cavalier, à droite, couronnant son cheval ; dessous, deux amphores ; dans le champ, ΕΥ. Æ[5] T. B.

28 — ΤΑΡΑΣ. Taras sur un dauphin, à droite, tenant un arc et une flèche ; dessous, éléphant.

℞. Cavalier, à gauche ; devant, un homme nu couronnant le cheval ; dans le champ, ΓΥ ; sous le cheval, ΑΡΙΣΤΙΠ. Æ[5] T. B.

29 — Taras sur un dauphin, à gauche, tenant un trident et un bouclier ; dessous bucrane.

℞. Cavalier casqué, à droite frappant de sa lance, tenant deux hastes et un bouclier ; dessous, ΔΑΙ. Æ[5] B.

30 — TA. Taras sur un dauphin, à gauche, tenant un trident et couronné par la Victoire.

℞. Cavalier casqué courant, à droite, tenant une haste et un bouclier; dans le champ, AI et ΑΠΥΤΩ. Ꜳ[5] B.

31 — ΤΑΡΑΣ. Taras sur un dauphin, à droite, tenant un arc et une flèche: dessous, ΗΡ ΗΡ.

℞. Cavalier, à droite, frappant de sa lance, tenant une haste et un bouclier; dessous, ΣΑ. Ꜳ[5] T. B.

32 — ΤΑΡΑΣ. Taras sur un dauphin, à gauche, tenant un diota et une quenouille; dessous, ΞΟΡ, et la louve.

℞. Cavalier nu galopant, à droite; dans le champ, ΕΥ; dessous, ΚΟΡΩΜΙ. Ꜳ[5] B.

33 — ΤΑΡΑΣ. Taras sur un dauphin, à gauche, tenant une palme.

℞. Même revers; dessous, Α. Ꜳ[5] TB.

34 — Même pièce. Ꜳ[5] T. B.

35 — ΤΑΡΑΣ. Taras sur un dauphin, à gauche, tenant un acrostolium et une quenouille; dans le champ, ΑΝΘ.

℞. Cavalier nu, à droite, se couronnant; dans le champ, ΞΩ; dessous, ΞΑΛΟ et cuirasse Ꜳ[5] T. B.

36 — Même pièce. Ꜳ[5] B.

37 — ΤΑΡ. ΠΟΛΥ. Taras sur un dauphin, à gauche, tenant un casque; dans le champ, deux étoiles.

℞. Cavalier, à droite, couronnant son cheval; dans le champ, ΞΩ; dessous, ΝΕΥΜΗ. Ꜳ[5] T. B.

38 — ΤΑΡΑΣ. Taras sur un dauphin, à gauche, tenant un trident et un diota; dans le champ, ΠΙ et terme.

℞. ΑΡΙΣΤΟΚΡΑΤΗ. Cavalier nu, à droite, couronné par une Victoire. Ꜳ[4] T. B.

39 — TAP. Taras sur un dauphin, à gauche, tenant une corne d'abondance, un trident et un bouclier.

℞. Cavalier, à droite, couronnant son cheval ; dans le champ, AP en monogramme. Æ4 B.

40 — TAPA. Taras sur un dauphin, à gauche, tenant un diota et un trident ; dans le champ, ΘI. B.

℞. Même revers ; dans le champ, EY ; sous le cheval, AMOΛA et deux amphores. Æ5 T. B.

41 — TAPAΣ. Taras, à gauche, sur un dauphin, tenant un casque ; dessous, des flots.

℞. Cavalier, à gauche, tenant un bouclier. Æ5 B.

42 — TAPAΣ. Taras sur un dauphin, à gauche, tenant des bandelettes ; dessous, X.

℞. Cavalier au galop, à gauche. Æ5 B.

43 — TAPAΣ. Taras sur un dauphin, à gauche, tenant un trident et un bouclier ; dans le champ, ΦI.

℞. ΛΛI. Cavalier casqué, à droite, frappant de sa lance, tenant deux hastes et un bouclier Æ5 B.

44 — TAPAΣ. Taras sur un dauphin, à gauche, tenant un trident ; dans le champ, chouette.

℞. ΣY ΛYKINOΣ. Cavalier, à gauche, couronnant son cheval. Æ4 B.

45 — Tête de Pallas, à droite, avec un casque orné du monstre Scylla.

℞. TAPANTINΩN. Chouette éployée, de face, sur un serpent. Æ3 T. B.

46 — Même tête, à gauche.

℞. Chouette sur un foudre. Æ3 B.

47 — Tête casquée de Pallas, à droite.

℞. TAP. Hercule debout, à droite, étouffant le lion; derrière, massue. Æ2 B.

LUCANIE.

HÉRACLÉE.

48 — Tête de Pallas, à droite, avec le casque orné du monstre Scylla.

℞. HPAKΛEIΩN KΛΛ. Hercule debout, à droite, étouffant le lion; dans le champ, chouette et massue. (Collection Dupré.) Æ5 1/2 T. B.

49 — HPAKΛHIΩN. Tête de Pallas, à droite, avec le casque orné du monstre Scylla; derrière, K.

℞. HPAKΛHIΩN AΘA. Hercule debout, de face, appuyé sur sa massue, tenant la peau du lion et un arc; dans le champ, vase. (Collection Dupré.) Æ5 T. B.

50 — Même tête, à droite.

℞. Hercule, un genou en terre, à droite, étouffant le lion. (Collection Dupré.) Æ2 T. B.

MÉTAPONTE.

51 — META. Épi.

℞. Même épi en creux. Æ7 1/2 B.

52 — MET. Même type. Æ4 B.

53 — ΛEYKIΠΠOΣ. Tête barbue et casquée, à droite, de Leucippe; derrière, un chien.

℞. META. Épi; sur la feuille, colombe; dessous, AM. (Collection Dupré.) Æ5 T. B

54 — Tête jeune, à droite, avec corne et oreille de bélier.
℞. META. Épi. (Collection Dupré.) AR5 T. B.

55 — Tête de Cérès, à droite, couronnée d'épis; derrière, ΔΙ.
℞. META. Épi; dans le champ, ⊢A. AR5 T. B.

56 — Tête de Cérès, à droite, couronnée d'épis. (Très-beau style.)
℞. META. Épi, charrue sur la feuille. (Collection Dupré.) AR6 T. B.

57 — Tête d'Apollon, laurée, à droite; sous le cou, ΑΠΟΛ.
℞. META. Épi. (Collection Gréau.) AR5 T. B.

POSIDONIE.

58 — ΜΟΓ. Neptune debout, marchant, à droite, lançant le trident.
℞. Même type en creux; la légende et le trident en relief. (Collection Dupré.) AR8 T. B.

THURIUM.

59 — Tête de Pallas, à droite, avec un casque orné du monstre Scylla.
℞. ΘΟΥΡΙΩΝ. Taureau courant, à droite; à l'exergue, poisson. (Collection Dupré.) AR5 F. D. C.

VÉLIE.

60 — Tête de femme, à droite, les cheveux retenus par un bandeau.
℞. VEΛΗ. Chouette sur une branche d'olivier. AR3 B.

BRUTTIENS.

61 — Tête diadémée de Neptune, à gauche; derrière, un trident.

℞. ΒΡΕΤΤΙΩΝ. Thétis sur un hippocampe, soutenant un amour tirant de l'arc; dans le champ, un candélabre. (Collection Dupré.) AV³ T. B.

62 — Bustes des Dioscures, à droite, coiffés chacun d'un pileus lauré; au-dessus, deux étoiles; derrière, corne d'abondance.

℞. ΒΡΕΤΤΙΩΝ. Les Dioscures à cheval, à droite, tenant chacun une palme et levant la main droite : au-dessus, deux étoiles; sous les chevaux, un épieu. (Collection Dupré.) AR⁴ ¹/² T. B.

63 — Buste ailé de la Victoire, à droite.

℞. ΒΡΕΤΤΙΩΝ. Pan, de face, se couronnant et tenant un sceptre; dans le champ, gouvernail et Γ. AR⁴ T. B.

64 — Tête voilée et diadémée de Junon, à droite; derrière, sceptre et tête de cheval.

℞. ΒΡΕΤΤΙΩΝ. Neptune debout, à gauche, le pied sur une proue; dans le champ, crabe. AR⁴ T. B.

65 — ΝΙΚΑ. Tête de la Victoire, à gauche; derrière, épi.

℞. ΒΡΕΤΤΙΩΝ. Jupiter foudroyant marchant, à droite; dans le champ, corne d'abondance. Æ⁴ T. B.

66 — Tête laurée de Jupiter, à droite; derrière, épi.

℞. ΒΡΕΤΤΙΩΝ. Aigle, à gauche, sur un foudre; dans le champ, ancre et corne d'abondance. Æ⁵ F. D. C.

67 — Même tête; derrière, coquille.

℞. Même aigle. Æ⁶ T. B.

CAULONIA.

68 — KAVA. Homme nu, debout, à droite, tenant un rameau et une petite figure nue : devant, un cerf.

℟. Sans légende. Même type en creux. Æ9 T. B.

CROTON.

69 — KPOTON. Buste de face de Junon Lacinienne, avec un collier de perles et coiffée d'une tiare ornée de palmettes et de deux griffons.

℟. Hercule assis, à gauche, sur la peau du lion posée sur des rochers, et tenant un vase ; dans le champ, arc et massue. (Collection Dupré.) Æ5 T. B.

70 — KPOT. Trépied. A gauche, Apollon debout, décochant une flèche contre le serpent Python, placé à droite.

℟. OSKSMTAM. Hercule jeune, assis, à gauche, sur la peau du lion, tenant un rameau et s'appuyant sur sa massue ; devant, un autel ; derrière, arc et carquois ; à l'exergue, deux poissons. (Collection de Arosarena.) Æ5 T. B.

RHEGIUM.

71 — Tête de lion, de face.

℟. RECINON. Homme à demi nu, assis, à gauche, appuyant sa tête sur son bras droit ; le tout entouré d'une couronne d'olivier. Æ4 T. B.

TERINA.

72 — TEP. Tête de femme, à droite, avec boucles d'oreilles et collier.

℟. Victoire assise, à gauche, sur une base, tenant un oiseau de la main droite, et, de la gauche, s'appuyant sur la base. Æ5 T. B.

SICILE.

73 — Tête de femme voilée et couronnée d'épis, à gauche; derrière, une feuille.

℞. ΣΙΚΕΛΙΩΤΑΝ. Victoire dans un quadrige au galop, à droite; au-dessus, ΗΣ, en monogramme. (Collection Dupré.) Æ5 T. B.

AGRIGENTE.

74 — ΑΚΡΑCΑΝΤΟΣ. Aigle, à gauche.

℞. Crabe. Æ7 T. B.

75 — Même pièce. Æ6 T. B.

76 — Deux aigles sur un lièvre, à droite, l'un la tête levée et les ailes abaissées, l'autre la tête baissée et les ailes éployées.

℞. Femme dans un quadrige au galop, à droite; au-dessus, une Victoire; à l'exergue, le monstre Scylla. Æ6 B.

77 — ΑΚΡΑ. Aigle, à gauche, sur un chapiteau.

℞. Crabe; dessous, fleur. Æ1 T. B.

CAMARINA.

78 — ΚΑΜΑΡΙΝΑΙΩΝ. Tête jeune, à gauche, ceinte d'un bandeau.

℞. Femme assise, à gauche, sur un cygne qui nage, tenant au-dessus de sa tête une draperie enflée par le vent. (Collection Dupré.) Æ5 T. B.

79 — ΚΑΜΑΡΙΝΑΙΟΝ. Tête d'Hercule, à gauche, coiffée de la peau du lion.

℞. Figure conduisant un quadrige au galop, à droite; au-dessus, Victoire; à l'exergue, deux amphores. (Collection Gréau.) Æ8 T. B.

CENTURIPAE.

80 — Tête laurée de Jupiter, à droite.

℞. ΚΕΝΤΟΡΙΠΙΝΩΝ. Foudre. Æ[6] T. B.

ERYX.

81 — ΕΡΥΚΙΝΟΝ. Femme debout, de face, tenant une patère et sacrifiant au-dessus d'un autel allumé placé à gauche.

℞. Lévrier, à droite; au-dessus, branche de lierre. (Collection Dupré.) Æ[1] B.

GÉLAS.

82 — ΓΕΛΑΣ. Partie antérieure de bœuf à face humaine, à droite.

℞. Cavalier au galop, à droite, tenant une haste. Æ[5] T. B.

HÉRACLÉE.

83 — Tête de femme couronnée de roseaux, à droite, avec boucles d'oreilles et collier, et entourée de trois poissons.

℞. *Roch Melkart* en légende phénicienne. Figure conduisant un quadrige au galop, à gauche; au-dessus, une Victoire la couronne. Æ[6] T. B.

HIMÈRE.

84 — Femme debout, de face, regardant à gauche, tenant une patère et élevant le bras gauche; à gauche, un autel; à droite, un satyre posant la main sur une fontaine et recevant de l'eau qui sort de la gueule d'un lion; dans le champ, grain d'orge; à l'exergue, poisson.

℞. ΙΜΕΡΑΙΟΝ rétrograde. Figure dans un bige, à droite, couronnée par une Victoire qui vole. (Collection Gréau.) Æ[7] B.

LÉONTINI.

85 — Tête laurée d'Apollon, à droite.

℞. LEONTINON en grec ancien. Tête de lion, à droite, entourée de quatre grains d'orge. (Collection de Arosarena.) Æ7 T. B.

86 — Tête laurée d'Apollon, à gauche.

℞. Même revers, la tête de lion, à gauche. Æ7 B.

87 — ΛEONTINON. Tête de lion, à droite, entourée de quatre grains d'orge.

℞. Cavalier nu au galop, à droite. Æ5 T. B.

MESSINE.

88 — ΜΕΣΣΑΝΙΟΝ. Lièvre courant, à droite; dessous, poisson.

℞. Figure debout conduisant un bige, à droite; sur les rênes une petite Victoire debout couronne les chevaux. Æ6 T. B.

NAXOS

89 — Tête de Bacchus, à gauche, couronnée de vigne.

℞. NAXION rétrograde. Grappe de raisin et feuille de vigne. Style archaïque. Æ5 B.

90 — Tête de Bacchus indien, à droite, couronnée de lierre.

℞. NAXION. Faune assis, de face, tenant une coupe. (Collection Dupré.) Æ8 T. B.

91 — Même pièce, variée de module. (Collection Dupré.) Æ4 T. B.

92 — Tête de Bacchus indien ceinte d'un bandeau orné d'une branche de lierre.

Ꞧ. ΝΑΞΙΟΝ. Faune assis, de face, tenant une coupe et un thyrse ; à gauche, branche de lierre. (Collection Dupré.) Æ7 T. B.

93 — ΝΑΞΙΩΝ. Tête laurée de femme, à droite ; derrière, une feuille et un point.

Ꞧ. Faune, de face, un genou en terre, tenant une coupe et un thyrse ; à droite, branche de lierre. (Collection Dupré.) Æ5 T. B.

PALERME ? (Sous les Carthaginois.)

94 — Tête de Proserpine couronnée de roseaux, à gauche, entourée de quatre dauphins ; dans le champ, coquille.

Ꞧ. Cheval au pas, à droite ; derrière, palmier. Magnifique pièce. (Collection de Arosarena.)

Æ6 1/2 F. D. C.

95 — Même tête.

Ꞧ. Buste de cheval, à gauche ; derrière, palmier ; dessous, légende phénicienne. Æ7 F. D. C.

SÉLINONTE.

96 — Feuille d'ache.

Ꞧ. ΣΕΛΙ. Feuille d'ache dans un carré creux. (Collection Dupré.) Æ5 T. B.

97 — ΣΕΛΙΝΟΝ. Homme nu, debout, à gauche, tenant un rameau et une patère, au-dessus d'un autel devant lequel est un coq ; derrière, un bœuf sur une base et feuille d'ache.

Ꞧ. ΣΕΛΙΝΟ...ΟΝ. Apollon et Diane dans un bige,

allant à gauche ; Diane tient les rênes et Apollon tire de l'arc. (Collection de Arosarena.) Æ7 T. B.

98 — ΣΕΛΙΝΟΝΤΙΟΣ. Hercule armé de sa massue, domptant un taureau courant, à droite.

℞. VVΑΣ. Homme nu, debout, à gauche, tenant un rameau et une patère au-dessus d'un autel autour duquel est un serpent; derrière, feuille d'ache et héron. (Collection Dupré.) Æ5 T. B.

99 — Tête d'Hercule jeune, vue de trois quarts, coiffée de la peau du lion.

℞. Figure dans un quadrige au galop, à gauche ; dans le champ, tête de lion ; à l'exergue, ...ONTION. Æ3 B.

SYRACUSE.

100 — ΣΥΡΑΚΟΣΙΟΝ. Tête de femme, à gauche, avec pendants d'oreilles et collier, les cheveux dans un réseau orné d'étoiles.

℞. Hercule agenouillé, à droite, étouffant le lion. (Collection Dupré.) AV2 1/2 T. B.

101 — Tête laurée d'Apollon, à gauche ; derrière, vase.

℞. ΣΥΡΑΚΟΣΙΩΝ. Trépied. EL3 T. B.

102 — Tête laurée d'Apollon, à gauche.

℞. Figure conduisant un bige, à droite ; dessous, triquètre ; à l'exergue, Φ. (Collection de Arosarena.) AV2 F. D. C.

103 — ΣVRAQΟΣΙΟΝ. Tête de femme, à droite, les cheveux nattés sur le cou ; autour, quatre poissons.

℞. Figure conduisant un bige, à droite : au-dessus,

Victoire tenant une couronne de la main droite et posant la gauche sur la tête d'un des chevaux. Style archaïque. (Collection Dupré.) Ʀ[7] T. B.

104 — ΣVRAKOΣΙΟΝ. Tête de femme, à droite, avec collier, les cheveux retenus sur le cou par un bandeau formé de perles; autour, quatre poissons.

℞. Figure conduisant un bige, à droite; au-dessus, Victoire volant; à l'exergue, serpent. Style archaïque. (Collection Dupré.) Ʀ[7] T. B.

105 — Même pièce. (Collection Gréau.) Ʀ[7] T. B.

106 — ΣVRAKOΣΙΟΝ. Tête de femme, à droite, avec collier, les cheveux retenus sur le cou par un bandeau formé de perles.

℞. Cavalier au pas, à droite. Style archaïque. (Collection Dupré.) Ʀ[3] F. D. C.

107 — Tête de femme, à gauche, les cheveux dans un réseau orné d'étoiles et ceinte d'un bandeau sur lequel on lit : **EVKΛΕΙ**. Autour, quatre poissons.

℞. Figure conduisant un quadrige au galop, à droite ; au-dessus, Victoire volant, sur la base ; nom peu lisible (**EVAINETO?**) ; à l'exergue, roue. (Collection Dupré.) Ʀ[6] T. B.

108 — ΣΥΡΑΚΟΣΙΩ.. Tête de femme, à gauche, avec boucles d'oreilles et collier, les cheveux retenus par un bandeau et un réseau. Autour, quatre poissons.

℞. Figure dans un quadrige courant à gauche, couronnée par une Victoire qui vole au-dessus ; à l'exergue, des armes et **ΑΘΛΑ**. Très-beau style. (Collection Dupré.) Ʀ[11] T. B.

109 — ΣΥΡΑΚΟΣΙΩΝ. Tête d'Aréthuse, à gauche, couronnée de roseaux, avec collier et boucles d'oreilles ; autour, quatre poissons.

℞. Figure dans un quadrige au galop, à gauche, couronnée par une Victoire qui vole au-dessus ; à l'exergue, armes. Æ10 T. B.

110 — Même tête ; dessous, ΦΙ.

℞. Même revers ; dans le champ, triquètre ; à l'exergue, ΣΥΡΑΚΟΣΙΩΝ, et AN en monogramme. Æ6 T. B.

111 — ΣΥΡΑΚΟΣΙΩΝ. Double tête jeune laurée ; dans le champ, devant, à droite, un poisson.

℞. Cheval au galop, à gauche ; au-dessus, étoile. (Collection Dupré.) Æ2 T. B.

112 — Tête de Pallas, à droite, avec le casque orné d'un griffon.

℞. ΣΥΡΑΚΟΣΙΩΝ. Pégase, à droite, volant à droite ; dessous, triquètre. Æ5 F. D. C.

113 — Tête de Cérès, à gauche ; derrière, abeille.

℞. ΣΥΡΑΚΟΣΙΩΝ. Figure ailée conduisant un quadrige au galop, à gauche ; au-dessus, étoile. (Collection Dupré.) Æ6 T. B.

114 — Tête casquée de Pallas, à gauche ; casque orné d'un griffon.

℞. ΣΥΡΑΚΟΣΙΩΝ. Diane debout, à gauche, tirant de l'arc ; près d'elle, un lévrier courant ; dans le champ, ΔΑ. (Collection de Arosarena.) Æ6 T. B.

115 — Même tête.

℞. ΣΥΡΑΚΟΣΙΩΝ. Foudre ailé ; dans le champ, ΥΑ ΣΑ. (Collection Dupré.) Æ5 T. B.

116 — ΞΕΥΣ ΕΛΕΥΘΕΡΙΟΣ. Tête laurée et barbue de Jupiter, à droite.

℞. ΣΥΡΑΚΟΣΙΩΝ. Foudre ; dans le champ, aigle. Æ6 T. B.

117 — ΣΥΡΑΚΟΣΙΩΝ. Tête de Cérès, à droite.

℞. Figure conduisant un bige au galop, à droite ; à l'exergue, IIX ; dans le champ, étoile. Æ6 T. B.

118 — ΣΥΡΑΚΟΣΙΩΝ. Tête de Cérès, à gauche; derrière, épi.

℞. Figure dans un bige au galop, à droite; au-dessus, étoile. Æ7 F. D. C.

119 — ΣΥΡΑΚΟΣΙΩΝ. Tête d'Hercule coiffée de la peau du lion, à gauche.

℞. Pallas combattant debout, à droite ; dans le champ, couronne. Æ5 T. B.

TAUROMENIUM.

120 — Tête laurée d'Apollon, à droite ; derrière, étoile.

℞. ΤΑΥΡΟΜΕΝΙΤΑΝ. Trépied ; dans le champ, API en monogramme. AR3 F. D. C.

ROIS DE SICILE.

AGATHOCLE.

121 — Tête de Pallas, à droite, avec casque orné d'un griffon.

℞. ΑΓΑΘΟΚΛΕΟΣ ΒΑΣΙΛΕΟΣ T. Foudre ailé. (Collection Dupré.) AV3 F. D. C.

122 — ΚΟΡΑΣ. Tête de Cérès, avec boucles d'oreilles, à droite.

℞. ΑΓΑΘΟΚΛΕ.. Victoire debout, à droite, tenant un marteau et érigeant un trophée ; dans le champ, triquètre. AR7 T. B.

123 — Même pièce, avec AN en monogramme dans le champ du revers. (Collection Dupré.) Æ^{6} T. B.

HIÉRON II.

124 — Tête de Cérès, à gauche.

℞. ΙΕΡΩΝΟΣ. Figure conduisant un bige au galop, à droite. (Collection Dupré.) AV^{3} T. B.

125 — Tête diadémée du roi, à gauche ; dessous, Φ.

℞. ΒΑΣΙΛΕ . ΙΕΡΩΝΟΣ. Victoire conduisant un quadrige, à droite ; dans le champ, étoile. (Collection Dupré.) Æ^{9} T. B.

126 — Tête de Jupiter, à gauche, les cheveux retenus par un bandeau.

℞. ΙΕΡΩΝΟΣ. Trident entre deux dauphins ; dans le champ, ΑΓ en monogramme. Æ^{5} B.

PHILISTIS.

127 — Tête voilée et diadémée de la reine, à gauche ; derrière, étoile.

℞. ΒΑΣΙΛΙΣΣΑΣ ΦΙΛΙΣΤΙΔΟΣ. Victoire dans un quadrige au pas, à droite ; dans le champ, étoile. Æ^{7} T. B.

128 — Même tête.

℞. Même légende. Quadrige au galop ; sous les chevaux, E. Æ^{7} T. B.

GÉLON

129 — Tête diadémée du roi, à gauche.

℞. ΣΥΡΑΚΟΣΙΟΙ ΓΕΛΩΝΟΣ. Aigle sur un foudre, à droite ; dans le champ, E. ΒΑ. Æ^{3} T. B.

THRACE.

ABDÈRE.

130 — ΚΑΛΛΙΔΑΜΑΣ. Griffon accroupi, à gauche, levant une patte de devant.

℟. ΑΒΔΗΡΙΤΕΩΝ dans un carré légèrement creux, entourant un carré divisé en quatre parties. (Collection Gréau.) Æ7 T. B.

AENUS.

131 — Tête de Mercure, de face, coiffée du pétase orné de perles.

℟. ΑΙΝΙΟΝ. Antilope, à droite ; devant, étoile. Le tout dans un carré creux. (Collection Dupré.) Æ7 T. B.

THASOS (île de Thrace).

132 — Double tête de Silène.

℟. ΘΑΣΙ. Deux diotas en sens contraire. Æ2 T. B.

133 — Satyre, un genou en terre, tenant une femme dans ses bras.

℟. Carré creux, vases en quatre parties. Æ3 T. B.

LYSIMAQUE, *roi de Thrace.*

134 — Tête diadémée du roi, à droite, avec la corne d'Ammon.

℟. ΒΑΣΙΛΕΩΣ ΛΥΣΙΜΑΧΟΥ. Pallas assise, à gauche, tenant une Victoire ; près d'elle une haste et un bouclier ; dans le champ, monogramme et massue ; à l'exergue, arc, carquois et ΑΓ en monogramme. Beau style. (Collection de Arosarena.) Æ8 T. B.

MACÉDOINE.

AMPHIPOLIS.

135 — Tête d'Apollon, de face, un peu penché, à gauche, un crabe sur l'épaule.

℞. ΑΜΦΙΠΟΛΙΤΕΩΝ écrit sur la bordure d'un carré dans lequel se trouve un flambeau. Le tout dans un carré creux. Très-beau style. Æ7 T. B.

136 — Tête d'Apollon, de face.

℞. Couronne ; au milieu, ΑΜΦΙ et flambeau. Le tout dans un carré creux. Æ7 T. B.

CHALCIS

137 — Tête d'Apollon laurée, à gauche.

℞. ΧΑΛΚΙΔΕΩΝ. Lyre. (Collection de Arosarena.) Æ6 T. B.

PHILIPPI.

138 — Tête d'Hercule coiffée de la peau du lion, à droite.

℞. ΦΙΛΙΠΠΩΝ. Trépied ; dans le champ, buste de cheval. AV4 T. B.

ROIS DE MACÉDOINE.

PERDICCAS II.

139 — Cheval libre, à droite.

℞. Casque dans un carré creux. Æ2 T. B.

PHILIPPE II.

140 — Tête laurée d'Apollon, à droite.

℞. ΦΙΛΙΠΠΟΥ. Figure conduisant un bige au galop, à droite ; dessous, un trident. AV4 T. B.

141 — Tête laurée de Jupiter, à droite.

℞. ΦΙΛΙΠΠΟΥ. Cavalier coiffé du casque macédonien, allant à gauche ; dessous, M. Æ6 T. B.

142 — Même tête.

℞. Même légende. Cavalier allant à droite, tenant une palme ; sous le cheval, grappe de raisin.
Æ[6] T. B.

ALEXANDRE III *le Grand.*

143 — Tête de Pallas, à droite ; casque orné d'un griffon.

℞. ΑΛΕΞΑΝΔΡΟΥ. Victoire debout, à gauche, tenant une couronne ; dans le champ, fleur. Ꭺ/[4] T. B.

144 — Même tête, à droite ; casque orné d'un serpent.

℞. ΑΛΕΞΑΝΔΡΟΥ. Foudre, arc et massue. Ꭺ/[2] T. B.

145 — Tête d'Hercule coiffée de la peau du lion, à droite.

℞. ΑΛΕΞΑΝΔΡΟΥ. Jupiter assis, à gauche, tenant un sceptre et un aigle ; dans le champ, fleur ; sous le siége, ΔΙ.
Æ[7] T. B.

146 — Même tête.

℞. Même type ; dans le champ, foudre. Æ[7] T. B.

ALEXANDRE AEGUS.

147 — Tête d'Hercule coiffée d'une peau d'éléphant.

℞. ΑΛΕΞΑΝΔΡΟΥ. Pallas tenant un bouclier et frappant de sa lance ; dans le champ, aigle, abeille et monogramme. (Pièce frappée en Égypte.) Æ[8] T. B.

ANTIGONE, *roi d'Asie.*

148 — Tête de Neptune ceinte de roseaux, à droite.

℞. ΒΑΣΙΛΕΩΣ ΑΝΤΙΓΟΝΟΥ sur la proue d'un navire sur lequel Apollon nu est assis, à gauche, tenant un arc ; à l'exergue, un monogramme. Æ[9] T. B.

DEMETRIUS POLIORCÈTE.

149 — Tête diadémée et cornue du roi, à droite.

℞. ΒΑΣΙΛΕΩΣ ΔΗΜΗΤΡΙΟΥ. Neptune nu debout,

à gauche, posant le pied droit sur un rocher et tenant un trident; dans le champ, deux monogrammes.
Æ8 T. B.

ANTIGONE GONATAS.

150 — Tête de Pan, à gauche; derrière, le pedum. Le tout au milieu d'un bouclier orné de sept étoiles.
℞. ΒΑΣΙΛΕΩΣ ΑΝΤΙΓΟΝΟΥ. Pallas casquée, marchant à gauche, tenant un bouclier et lançant la foudre; dans le champ, casque et monogramme. (Collection de Arosarena.) Æ8 T. B.

PHILIPPE V.

151 — Tête de Persée, à gauche, coiffée d'un casque ailé et terminé par une tête de griffon; derrière, la harpé; le tout au milieu d'un bouclier orné de sept étoiles.
℞. Couronne de chêne; au milieu, massue et ΒΑΣΙΛΕΩΣΦΙΛΙΠΠΟΥ. (Collection Dupré.) Æ9 F. D. C.

PERSÉE.

152 — Tête barbue et diadémée du roi, à droite.
℞. Couronne de chêne; au milieu, aigle sur un foudre, et ΒΑΣΙΛΕΩΣ ΠΕΡΣΕΩΣ; dans le champ, trois monogrammes. (Collection Dupré.) Æ8 T. B.

THESSALIE.

153 — Tête laurée de Jupiter, à droite.
℞. ΘΕΣΣΑΛΩΝ ΠΟΛΥ. Pallas combattant, à droite.
Æ3 T. B.

LARISSA.

154 — Tête de femme, de face.
℞. ΛΑΡΙΣΑΙΩΝ. Cavale et son poulain, à droite. (Collection Dupré.) Æ4 T. B.

155 — Même tête.

℞. ΛΑΡΙΣΑ. Homme debout, à droite, coiffé du chapeau macédonien, retenant un cheval par la bride. (Collection Gréau.) Æ4 T. B.

ÉPIRE.

155 *bis.* — Bustes accolés, à droite, de Jupiter, couronné de chêne, et de Junon diadémée ; derrière, EK en monogramme.

℞. ΑΠΕΙΡΩΤΑΝ. Taureau courant, à droite ; le tout dans une couronne de chêne. (Collection de Arosarena.) Æ7 T. B.

156 — Tête de Jupiter couronnée de chêne, à droite ; devant, BO ; derrière, AN en monogramme.

℞. ΑΠΕΙΡΩΤΑΝ. Aigle sur un foudre, à droite ; le tout dans une couronne de chêne. (Collection Gréau.) Æ6 T. B.

AMBRACIA.

157 — Tête de femme laurée et voilée, à gauche.

℞. AM. Obélisque orné de bandelettes ; dans le champ, palme ; le tout dans une couronne. Æ3 T. B.

NICOPOLIS ?

158 — Tête de Vénus diadémée, à droite.

℞. Couronne. Æ4 F. D. C.

158 *bis.* — Tête laurée et barbue, à droite.

℞. Deux fruits dans une couronne. Æ3 T. B.

ROIS D'ÉPIRE.

PYRRHUS.

159 — Tête de Diane, à droite, le carquois sur l'épaule; derrière, abeille.

℞. ΒΑΣΙΛΕΩΣ ΠΥΡΡΟΥ. Victoire marchant, à gauche, tenant un trophée et une couronne ; dans le champ, Π, foudre et croissant. (Collection Dupré. AV3 B.

160 — Tête de Jupiter couronnée de chêne, à gauche ; dessous, ΘΚ.

℞. ΒΑΣΙΛΕΩΣ ΠΥΡΡΟΥ. Femme coiffée du modius, assise à gauche, tenant une haste et relevant une draperie posée sur ses épaules. (Collection Dupré.) AR9 B.

CORCYRE.

161 — Vache allaitant son veau.

℞. K. Jardins d'Alcinoüs. AR5 T. B.

LOCRIDE.

LOCRIENS OPONTIENS.

162 — Tête de Cérès couronnée d'épis, avec boucles d'oreilles et collier, à gauche.

℞. ΟΠΟΝΤΙΩΝ. Ajax casqué, nu, marchant à droite, tenant une épée et un bouclier orné d'un griffon ; à terre, deux flèches ; dans le champ, grappe de raisin. Beau style. (Coll. de Arosarena.) AR6 T. B.

PHOCIDE.

163 — Tête de bœuf, de face, ornée de bandelettes.

℞. ΦΩ dans une couronne. Æ2 F. D. C.

BÉOTIE.

164 — Tête de Jupiter laurée, à droite.
℞. ΒΟΙΩΤΩΝ. Victoire debout, à gauche, tenant une couronne et un trident; dans le champ, monogramme et Ξ. Æ[4] B.

165 — Bouclier béotien.
℞. ΒΟΙΩ. Diota ; au-dessus, grappe de raisin. (Collection Gréau.) Æ[6] F. D. C.

ATTIQUE.

ATHÈNES.

166 — Tête de Pallas, à droite; casque orné d'un griffon.
℞. ΑΘΕ ΚΑΛΛΙΚΡΑ ΕΠΙ ΓΕΝΗ ΣΩΣΑΝΔΡΟΣ. Chouette, de face, sur un vase ; dans le champ, aigle sur un foudre ; sur le vase, Α ; dessous, ΣΦ; le tout dans une couronne d'olivier. Æ[8] T. B.

ÉGINE (île d'Attique).

167 — Tortue de mer.
℞. ΑΙΓ et dauphin dans un carré creux divisé en cinq parties. (Collection Dupré.) Æ[6] T. B.

168 — Tortue de mer ; dans le champ, ΑΙ.
℞. ΝΙ dans un carré creux divisé en cinq parties. Æ[2] T. B.

ACHAIE.

CORINTHE.

169 — Tête de femme, à gauche ; dans le champ, ΑΡ.
℞. Pégase, à gauche ; dessous, ϙ. Æ[3] T. B.

SICYONE.

170 — Chimère ; dessous, ΣE.
℞. Colombe, volant à gauche, dans une couronne de laurier. (Collection Dupré.) Æ6 T. B.

171 — Tête laurée d'Apollon, à droite.
℞. Colombe, volant à droite. Æ2 T. B.

172 — Tête laurée d'Apollon, à droite.
℞. AINEAΣ Σ. Colombe volant, à gauche. Æ4 T. B.

ÉLIDE.

173 — FA. Tête de femme, à droite, ceinte d'un diadème orné de palmettes.
℞. Aigle, à droite, regardant à gauche, dans une couronne de laurier. (Collection Dupré.) Æ6 T. B.

174 — Tête laurée de Jupiter, à gauche.
℞. FA. Aigle, à droite, sur un chapiteau. (Collection Gréau.) Æ6 T. B.

175 — Aigle, à droite, dévorant un lièvre.
℞. FA. Foudre dans une couronne. Æ5 T. B.

176 — Tête laurée de Jupiter, à droite.
℞. FA. Aigle, à droite, sur un chapiteau. Æ3 B.

ARGOLIDE.

ARGOS.

177 — Partie antérieure de loup, à gauche.
℞. Carré creux ; au milieu, grand A ; dessous, aigle sur un foudre ; dans le champ, ΙΕΡΩΝΟΣ. Æ3 T. B.

ARCADIE.

178 — ΑΡΚΑ. Tête de femme, à gauche. Style archaïque.
℞. Jupiter assis, à gauche, tenant une Victoire et un sceptre. Æ³ B.

179 — Tête laurée de Jupiter, à gauche.
℞. ΑΔ. Pan assis, à gauche, sur un rocher ; dans le champ, un aigle. Æ² T. B.

CRÈTE.

CNOSSE.

180 — Tête de femme, à gauche, coiffée d'une tiare ornée de palmettes.
℞. ΚΝΩΣΙ. Labyrinthe ; dans le champ, ΑΡ. Æ⁵ B.

EUBÉE.

HISTIÉE.

181 — Tête de bacchante, à droite.
℞. ΙΣ.. ΑΙΕΩΝ. Femme assise, à droite, sur un vaisseau à la voile ; à l'exergue, EP en monogramme. Æ³ T. B.

TENOS (île d'Europe).

182 — Tête de Jupiter Ammon, à droite.
℞. ΤΗ. Neptune assis, à gauche, tenant un trident et un dauphin. Æ⁶ T. B.

ROIS DU PONT.

MITHRIDATE IV.

183 — Buste diadémé et drapé du roi, à droite.
℞. ΒΑΣΙΛΕΩΣ ΜΙΘΡΑΔΑΤΟΥ. Jupiter assis, à

gauche, tenant un aigle et un sceptre; devant, astre sur un croissant; derrière, deux monogrammes; sous le siége, autre monogramme. AR9 F. D. C.

MITHRIDATE VI *Eupator.*

184 — Tête diadémée du roi, à droite.

℞. **ΒΑΣΙΛΕΩΣ ΜΙΘΡΑΔΑΤΟΥ ΕΥΠΑΤΟΡΟΣ.** Cerf paissant, à gauche ; dans le champ, astre sur un croissant et trois monogrammes. AR8 T. B.

BITHYNIE.

CIUS.

185 — Tête laurée d'Apollon, à droite.

℞. **ΑΓΝΩΝΙΔΗΣ.** Proue, à gauche, ornée d'un astre; au-dessus, massue. (Collection Dupré.) AV3 1/2 T. B.

NICOMÈDE II, *roi de Bithynie.*

186 — Tête diadémée du roi, à droite,

℞. **ΒΑΣΙΛΕΩΣ ΕΠΙΦΑΝΟΥΣ ΝΙΚΟΜΗΔ...** Jupiter debout, à gauche, tenant une couronne et un sceptre; dans le champ, aigle sur un foudre, monogramme, et **ΞΠΡ.** (An 187.) AR10 T. B.

CYZICÈNES.

187 — *Cyzique.* Tête laurée et barbue, à droite ; dessous, poisson.

℞. Carré creux divisé en quatre parties. (Collection Gréau.) EL4 T. B.

188 — *Abydos?* Tête jeune cornue, à droite.

℞. Aigle, à droite, dans un carré. EL1 T. B.

189 — *Parium?* Tête de Cérès, à droite, couronnée d'épis avec boucles d'oreilles.

℟. Taureau courant, à gauche, dans un carré. (Collection Dupré.) EL[1] F. D. C.

190 — *Mytilène?* Tête laurée d'Apollon, à droite.

℟. Tête de femme, à droite (Sapho?), les cheveux dans un réseau. EL[1] T. B.

191 — *Ionie?* Tête de Cérès, à droite, voilée et couronnée d'épis.

℟. Trépied orné de bandelettes dans un carré. (Collection Dupré.) EL[1] T. B.

192 — *Erythrée?* Buste de femme, à droite, les cheveux hérissés, ceint d'un large bandeau et le sein découvert.

℟. Torche dans un carré. (Collection Dupré.) EL[1] T. B.

193 — *Lebedus?* Tête casquée de Pallas, à droite.

℟. Chouette dans un carré. (Collection Dupré.) EL[1] T. B.

ROIS DE PERGAME.

ATTALE I.

194 — Tête laurée du roi, à droite.

℟. ΦΙΛΕΤΑΙΡΟΥ. Minerve assise, à gauche; tenant une haste et un bouclier orné de la tête de Méduse; devant, feuille de lierre; derrière, arc; sur le siége, A. Æ[3] T. B.

195 — Même tête.

℟. Même légende, Minerve assise, à gauche, tenant une couronne et accoudée sur un bouclier; une haste repose sur son bras gauche: devant, A et feuille de lierre; derrière, arc. Æ[3] T. B.

ATTALE II.

196 — Tête laurée du roi, à droite.
℞. Même légende. Même type, la haste repose sur le bras droit; dans le champ, grappe de raisin, A et arc. AR[8] T. B.

TROADE.

BERYTIS.

197 — Tête à gauche, coiffée d'un bonnet conique.
℞. BIPY. Massue dans une couronne. Æ[1 1/2] T. B.

AEOLIS.

MYRHINA.

198 — Tête laurée d'Apollon, à droite.
℞. MYPINAIΩN. Femme à demi-nue, marchant, à droite, tenant une patère et un rameau orné de bandelettes; à ses pieds, diota et cortine; dans le champ, monogramme; le tout dans une couronne de laurier, AR[10] T. B.

LESBOS.

MYTILÈNE.

199 — Tête laurée d'Apollon, à droite.
℞. MYTI. Lyre; dans le champ, foudre, bandelettes et monogramme. AR[3] T. B.

200 — Tête de femme, à droite, les cheveux dans un bonnet.
℞. MYTI et monogramme. Lyre. Æ[2] B.

IONIE.

EPHÈSE.

201 — EΦ. Abeille.
℞. EYKAH. Cerf à droite; derrière, palmier. AR[4] B.

ÉRYTHRÉE.

202 — Tête d'Hercule coiffée de la peau du lion.

℞. ΕΡΥ ΑΡΙΣΤΕΑΣ. Carquois, massue et chouette. AR³ T. B.

203 — Même tête.

℞. ΓΟΡΓΙΩΝ ΓΟΡΓΙΩΝΟΣ ΕΡΥ. Carquois, massue et tête de face. Æ⁴

204 — Même tête.

℞. ΕΡΥ ΜΗΤΡΟΔΩΡΟ. Massue et carquois. Æ²

HÉRACLÉE.

205 — Tête de Pallas à droite, casque orné de cinq chevaux de front. Pégase, dragon et guerrier combattant.

℞. ΗΡΑΚΛΕΩΤΩΝ. Massue ; dessous, Victoire et deux monogrammes ; le tout dans une couronne de chêne. AR⁸ T. B.

MAGNÉSIE.

206 — Buste diadémé de Diane, à droite, avec arc et carquois sur l'épaule.

℞. ΜΑΓΝΗΤΩΝ ΗΡΟΓΝΗΤΟΣ ΞΩΠΥΡΙΩΝΟΣ. Apollon nu, debout, à gauche, tenant une bandelette ; derrière lui, un trépied ; sous ses pieds, le Méandre ; le tout dans une couronne de laurier. AR⁸ T. B.

SMYRNE.

207 — Tête tourelée de femme, à droite.

℞. ΣΜΥΡΝΑΙΩΝ et monogramme ; le tout dans une couronne de chêne. AR⁵ T. B.

CARIE.

CNIDE.

208 — Partie antérieure de lion, à droite.

℞. ΚΝΙ. Tête de Vénus, à droite, dans un carré creux. AR⁴ T. B.

ILES DE CARIE.

CALYMNA.

209 — Tête virile, à droite, coiffée d'un casque à mentonnières.

R̸. ΚΑΛΥΜΝΙΟΝ. Lyre, dans un carré formé de points. AR[4] T. B.

COS.

210 — ΚΟΣ. Apollon nu, de face, jouant du tambourin et dansant près d'un trépied.

R̸. Crabe dans un carré creux, orné de grénetis. (Collection Gréau.) AR[6] T. B.

211 — Tête d'Hercule, coiffée de la peau du lion.

R̸. ΚΩΙΩΝ ΑΡΙΣΤΑΙΣ. Crabe; dessous, massue; le tout dans un carré creux. AR[3] T. B.

RHODES.

212 — Tête du Soleil, vue de face.

R̸. ΡΟΔΙΟΝ. Rose, et bouton de rose; dans le champ, caducée. Beau style. AR[6] T. B.

213 — Tête radiée du Soleil, de face.

R̸. ΡΟΔΙΟΝ ΑΜΕΙΝΙΑΣ. Même type; dans le champ, proue. AR[8] T. B.

PAMPHYLIE.

ASPENDUS.

214 — ΕΣΤFΕΔΙΙ. Frondeur, à droite; dans le champ, triquètre.

R̸. Deux lutteurs; dans le champ, AN. AR[5] T. B.

CILICIE.

215 — Tête imberbe, à droite, avec collier de perles. Style archaïque.

℟. Lion, marchant à gauche; dessous, tête de bélier; le tout dans un carré formé de points. (Collection Dupré.) Æ³ T. B.

TARSE.

216 — Légende phénicienne. Baaltars à demi nu, assis à gauche, tenant une grappe de raisin, un épi et s'appuyant sur un sceptre.

℟. Légende phénicienne. Lion, à gauche, dévorant un cerf. (Duc de Luynes, pl. VIII, nº 5.) Æ⁶ T. B.

DATAME, *satrape*.

217 — Légende phénicienne. Tête barbue, casquée, à droite.

℟. Tête de femme, vue de face, avec boucles d'oreilles et collier. (Duc de Luynes, pl. II, nº 10.) Æ⁶ F. D. C.

CAPPADOCE.

ARCHELAUS, *roi*.

218 — Tête diadémée du roi, à droite.

℟. ΒΑΣΙΛΕΩΣ ΑΡΧΕΛΑΟΥ ΦΙΛΟΠΑΤΡΙΔΟΣ ΤΟΥ ΚΤΙΣΤΟΥ. Massue, placée entre les lettres Κ Β. (Collection Dupré.) Æ⁴ F. D. C.

ROIS DE SYRIE.

ANTIOCHUS II.

219 — Tête diadémée du roi, à droite.

℟. ΒΑΣΙΛΕΩΣ ΑΝΤΙΟΧΟΥ. Apollon assis à gauche sur la cortine, tenant un arc et une flèche; dans le champ, E Λ en monogramme et B dans un cercle. (Collection Révil.) Æ9 T. B.

ANTIOCHUS HIERAX ?

220 — Tête diadémée et ailée du roi, à droite.

℞. Même légende, et même type ; dans le champ, deux monogrammes ; à l'exergue, cheval paissant. (Collection de Arosarena.) Æ9 T. B.

ANTIOCHUS III.

221 — Tête diadémée du roi, à droite, dans un cercle de grènetis.

℞. Même légende et même type ; dans le champ, trépied. (Collection Dupré.) Æ7 T. B.

SELEUCUS IV *Philopator.*

222 — Tête diadémée du roi, à droite.

℞. ΒΑΣΙΛΕΩΣ ΣΕΛΕΥΚΟΥ. Même type ; dans le champ, rameau orné de bandelettes ; à l'exergue, Φ. Æ7 B.

ALEXANDRE I *Bala.*

223 — Buste diadémé et drapé du roi, à droite.

℞. ΒΑΣΙΛΕΩΣ ΑΛΕΞΑΝΔΡΟΥ. Aigle, à gauche, sur une proue ; dans le champ, monogramme de Tyr sur une massue, autre monogramme et ΒΞΡ (an 162). Æ7 T. B.

DEMETRIUS II.

224 — Tête diadémée du roi, à droite, avec une longue barbe.

℞. ΒΑΣΙΛΕΩΣ ΔΗΜΗΤΡΙΟΥ ΘΕΟΥ ΝΙΚΑΤΟΡΟΣ. Jupiter assis, à gauche, tenant une Victoire et un sceptre ; dans le champ, un monogramme, et un autre sous le siége ; à l'exergue, ΕΠΡ (an 185). (Collection Dupré.) Æ8 T. B.

ANTIOCHUS VI *Dionysus.*

225 — Tête du roi, diadémée et radiée, à droite.

℞. ΒΑΣΙΛΕΩΣ ΑΝΤΙΟΚΟΥ ΕΠΙΦΑΝΟΥΣ ΔΙΟΝΥ-ΣΟΥ. Les Dioscures, au galop, à gauche, tenant chacun une haste ; au-dessus deux étoiles ; dans le champ, ΤΡΥ, et ΗΞΡ (an 168). Le tout dans une couronne de laurier. (Collection Dupré.) Æ8 T. B.

ÉGYPTE.

PTOLÉMÉE *Soter.*

226 — Tête diadémée du roi, à droite ; derrière l'oreille, Δ.

℞. ΠΤΟΛΕΜΑΙΟΥ ΒΑΣΙΛΕΩΣ. Aigle sur un foudre, à gauche ; dans le champ, ΜΥ en monogramme. Æ8 T. B.

PTOLÉMÉE V *Epiphanes.*

227 — Buste, jeune, drapé et diadémé, du roi, à droite, dans un cercle de grénetis.

℞. ΠΤΟΛΕΜΑΙΟΥ ΒΑΣΙΛΕΩΣ. Aigle sur un foudre, à gauche dans le champ, ΜΕ en monogramme. (Collection Dupré.) Æ7 T. B.

CYRÉNAIQUE.

228 — ΠΟΛΙΑΝΘΕΥΣ. Jupiter debout, à gauche, tenant un sceptre et une patère ; près de lui un autel.

℞. ΚΥΡΑΝΑΙΩΝ. Figure dans un quadrige, à droite ; dans le champ, grand astre. AV4 F. D. C.

229 — Cavalier, à gauche, chapeau sur le dos ; derrière, un astre.

℞. ΚΥΡΑ. Silphium ; dans le champ, monogramme. (Collection Dupré.) AV2 F. D. C.

ZEUGITANE.

CARTHAGE.

230 — Buste de Cérès, à gauche, couronnée d'épis avec boucles d'oreilles et collier.

℞. Cheval debout, à droite; à l'exergue, légende phénicienne. AV4 F. D. C.

231 — Légende phénicienne. Partie antérieure d'un cheval, à droite, couronné par la Victoire; devant, grain d'orge.

℞. Légende phénicienne. Palmier portant deux fruits. (Collection Dupré.) AR6 T. B.

231 *bis* — Deux tétradrachmes grecs, coins faux.

MONNAIES ROMAINES

AUGUSTE.

232 — Tête nue d'Auguste, à droite.

℟. CAESAR DIVI F. Cavalier au galop, à gauche
AV. T. B.

233 — Même tête.

℟. Même légende. Apollon, son chapeau sur le dos, assis à droite sur des rochers et jouant de la lyre.
AR. F. D. C.

234 — Même tête.

℟. Même légende. Vénus debout, à droite, vue de dos, appuyée sur une colonne, tenant un casque et un sceptre transversal; derrière, un bouclier. AR. T. B.

235 — Tête nue d'Auguste, à gauche.

℟. Même légende. Victoire debout, à gauche, sur un globe, tenant une couronne et une palme.
AR. F. D. C.

236 — Tête nue d'Auguste, à droite.

℟. IMP. CAESAR sur le fronton d'un arc de triomphe surmonté d'un quadrige, de face, dans lequel on voit une figure debout. AR. F. D. C.

237 — Même tête.

℟. Même légende. Trophée naval. AR. F. D. C.

238 — Même tête.

℟. IMP. CAESAR sur le fronton d'un temple; sur le sommet, une Victoire et deux autres figures. Æ. F. D. C.

239 — CAESAR AVGVSTVS Tête laurée d'Auguste, à droite.

℟. DIVVS IVLIVS. Comète. Æ. F. D. C.

LIVIE.

240 — PIETAS. Buste voilé et diadémé de Livie, à droite.

℟. DRVSVS CAESAR TI. AVGVSTI F. TR. POT. ITER. Dans le champ, S. C. M. B. T. B.

241 — IVSTITIA. Buste diadémé et drapé de Livie, à droite.

℟. TI. CAESAR DIVI AVG. F. AVG. P. M. TR. POT. XXIIII. Dans le champ, S. C. M. B. T. B.

NÉRON DRUSUS.

242 — NERO CLAVDIVS DRVSVS GERMANICVS IMP. Sa tête nue, à gauche.

℟. TI. CLAVDIVS CAESAR AVG. P. M. TR. P. IMP. P. P. S. C. Claude assis, à gauche, sur une chaise curule, tenant un rameau; devant lui, casque et bouclier; sous la chaise, cuirasse, boucliers, globe et javelots. G. B. T. B.

NÉRON.

243 — NERO CLAVDIVS CAESAR AVG. GERMANIC. Sa tête radiée, à droite.

℟. PONTIF. MAX. TR. POT. IMP. P. P. S. C. Néron jouant de la lyre, marchant à droite. (Patine verte. Le revers à fleur de coin.) M. B.

HADRIEN.

244 — HADRIANVS AVG. COS. III P. P. Sa tête laurée, à droite.

℞. AEGYPTOS. L'Égypte couchée, à gauche, tenant un sistre et accoudée sur un panier; devant elle, un ibis. Æ. T. B.

245 — Même légende, sa tête nue à droite.

℞. ALEXANDRIA. La Province debout, à gauche, tenant un sistre et un panier dans lequel est un serpent. Æ. F. D. C.

246 — Même légende et même tête.

℞. NILVS. Le Nil couché, à gauche, tenant une corne d'abondance; près de lui, un crocodile.

Æ. F. D. C.

SABINE.

247 — SABINA AVGVSTA HADRIANI AVG. P. P. Son buste diadémé, à droite, avec la queue.

℞. VESTA S. C. Vesta, assise à gauche, tenant le palladium et un sceptre. (Belle patine verte.)

G. B. T. B.

248 — SABINA AVGVSTA IMP. HADRIANI AVG. Son buste diadémé et drapé; coiffure relevée.

℞. S. C. Cérès voilée, assise à gauche sur un panier, tenant une torche et des épis. (Collection de Arosarena.) M. B. T. B.

AELIUS *César*.

249 — L. AELIVS CAESAR. Sa tête nue, à droite.

℞. TRIB. POT. COS. II. La Concorde, assise à gauche, tenant une patère et accoudée sur une corne d'abondance; à l'exergue, CONCORD. AV. B.

ANTONIN.

250 — ANTONINVS AVG. PIVS P. P. TR. P. XVI. Son buste nu drapé, à gauche.

℟. COS. IIII. L'empereur debout, à gauche, tenant un globe. A/. T. B.

251 — ANTONINVS AVG. PIVS P. P. TR. P. COS. III. Sa tête laurée, à droite.

℟. TIBERIS S. C. Le Tibre couché, à gauche, tenant un roseau et s'appuyant sur une urne d'où coulent des flots; près de lui, un navire G. B. T. B.

FAUSTINE *mère*.

252 — DIVA FAVSTINA. Son buste, à droite; coiffure ornée de perles.

℟. AVGVSTA. Vesta debout, à gauche, tenant une torche et un sceptre. A/. F. D. C.

253 — DIVA FAVSTINA. Son buste, à droite.

℟. CONSECRATIO S. C. Vesta, voilée, debout, à gauche, auprès d'un autel allumé, tenant une patère et un flambeau. G. B. B.

254 — FAVSTINA AVGVSTA ANTONINI AVG. PII. P. P. Son buste, à droite.

℟. IVNONI REGINAE S C. Junon, diadémée et voilée, debout, à gauche, tenant une patère et un sceptre. (Patine verte.) G. B. B.

MARC AURÈLE.

255 — M. ANTONINVS AVG. TR. P. XXVIII. Son buste, lauré et cuirassé, à droite.

℟. IMP. VI. COS. III. L'empereur, à cheval, à droite, levant la main droite. A/ T. B.

FAUSTINE *jeune.*

256 — FAVSTINA AVGVSTA. Son buste, à droite.
℞. IVNONI REGINAE S. C. Junon, diadémée et voilée, debout, à gauche, tenant un sceptre et une patère ; près d'elle, un paon. (Patine verte.) G. B. B.

ANNIUS VERUS ?

257 — Buste jeune, voilé, à droite.
℞. S. C. Dans une couronne de laurier. (Belle patine verte.) P. B. T. B.

LUCIUS VERUS.

258 — IMP. CAES L. AVREL. VERVS AVG. Son buste nu, drapé et cuirassé, à droite.
℞. CONCORD. AVGVSTOR. TR. P. COS. II. S. C. Marc-Aurèle et Verus, debout, se donnant la main. (Collection de Arosarena.) G. B. F. D. C.

LUCILLE.

259 — LVCILLAE AVG. ANTONINI AVG. F. Son buste, à droite.
℞. PIETAS. La Piété, voilée, debout, à gauche, auprès d'un autel allumé, levant la main droite, et tenant une boîte à parfums. Æ T. B.

MÉDAILLES ARTISTIQUES

260 — SIGISMVNDVS PANDVLFVS MALATESTA. PAN. F. Buste de Sigismond cuirassé, à gauche.

℟. CASTELLVM SISMVNDVM ARIMINENSE M.CCCC XLVI. Château fortifié. Æ 80 mill.

261 — CICILIA VIRGO FILIA IOHANNIS FRANCISCI PRIMI MARCHIONIS MANTVE. Buste à mi-corps, à gauche.

℟. OPVS PISANI PICTORIS. M. CCCC XLVII écrit sur un cippe. Jeune fille debout, à gauche, appuyée sur un quadrupède. Æ 80 mill.

262 — Hercule étouffant le lion, à gauche. Belle plaque ronde. Æ 105 mill.

263 — Vénus et Vulcain. Plaque. Æ 50 mill.

264 — Lot de trois médailles modernes argent et bronze.

www.ingramcontent.com/pod-product-compliance
Ingram Content Group UK Ltd.
Pitfield, Milton Keynes, MK11 3LW, UK
UKHW021816190726
13853UKWH00003B/1022